JN410009

첫情

이미순 제3 시집

교음사

시인의 말

으름장 같은 바람이 동백 숲을 세차게 흔들어도 비단결처럼 봄이 오듯이 경자년 새해가 밝았다.

글을 쓴다는 것과 살아 있다는 건 어쩌면 외로움의 가슴앓이를 하는 건지도 모른다. 마음 기댈 곳 없는 현실의 틈바구니에서 詩는 마음을 보듬어주는 작은 공간이며 내 영혼의 주름살을 펴주는 것이다. 조금이나마 공허한 마음을 달래보기 위해 내 주변에 흩어졌던 글들을 한데 모았다. 이제 초근초근 밖으로 나온 내 분신이 공감대가 되길 바란다.

이번 제3 시집은 등단을 한지 15주년을 맞이해 뜻 깊은 시집이다.

한국예술인복지재단 창작에 선정되어 『첫정』을 발간하게 되어 정말 큰 상을 받은 것처럼 너무나 기쁘다. 이런 기쁨을 저를 아는 모든 분들과 나누고 싶다. 이 자리를 빌려 묵묵히 지켜봐준 동갑내기 내 옆지기에게 고마움을 전하며 특히 시집이 나오기까지 애써주신 이민호 수필가님 또 해설을 맡아주신 김영곤 시인님께 감사의 말을 전하고 싶다.

2020년 1월 자굴산 기슭에서 이미순

| 첫정 |

· 이미순 제3 시집
· 차례

1. 첫정

2. 추억과 그리움

3. 정이 넘치는 의령

4. 안개, 이별

5. 사계절 이야기

1

첫정

살아오면서 첫정에 가슴 설레며 행복한 적이 있었다
손자와 첫 만남, 딸아이 배 속에서
열 달 동안 한몸으로 지내다 드디어 한 사람의
인격체로 이 세상에 태어난 소중한 행복이를 보면서….

생명의 잉태

분만의 고통 출산의 기쁨에
산모의 얼굴엔 땀방울이 맺히고
만삭의 산모 이마에 굵은 핏줄이 선다

진통이 시작되고
간호사가 부산히 움직이며
의사의 진지한 표정에서 생명의 잉태가 보인다

긴장된 순간 적막이 흐르고
엄마와 아기 사이에
생명 공급을 한 단단하게 생긴

탯줄을 끊으면서 이제 새로운
한 인격의 존재로 세상을 살아갈
경이로움에 우렁찬 울음소리가 들린다

시련 없는 완성이 어디 있으며
아픔 없이 피는 꽃이 어디 있으리
산모의 무수히 흐른 눈물이 쌓일 때

강보에 싸인 아기

엄마가 된 산모의 사랑스런 눈길
숨 가쁜 호흡을 하면서
지금까지 느끼지 못한 희열에 눈을 감는다

생명

갓 태어난
고귀한 작은 생명
아이를 볼 때면

생명이 얼마나
신비하고
불꽃이 일고 있는가를

사람의 배 속에서
열 달을 견디며
작은 생명은
엄마의 숨결로 채워지고

어느 누가 만든
창작품이 이보다
더 정교하고
아름다울 수 있을까

어느 누가
다듬어 놓은

조각이 이보다 더
오묘할 수 있을까

꿈틀대는 몸짓
해맑은 웃음
아기의
맑은 눈망울에

온 세상이 천진한
사랑으로 물들어
생명의 고귀함과
자연의 경이로움이다

첫정

딸아이 배 속에서
열 달 동안 한몸으로 지내다
한 사람의 인격체로
이 세상에 태어난 소중한 보물

탯줄을 끊으면서 이제 새로운
한 인격의 존재로 세상을 살아갈
경이로움에 우렁찬 울음소리
손주와 첫 만남

자면서도 울고
자면서도 예쁜 배냇짓하는 것을 보면
첫정에 가슴 설레며
내 삶의 가장 큰 축복이다

하늘에서 내려온 작은 천사

너의 작은 눈망울 속에
초롱초롱 별이 빛나고
고사리 같은 작은 손으로
네가 물건을 잡으려면
옹알옹알
아직 말도 안 되는 소리로
뭐라고 열심히 옹알대고 있는 것을 보면
두 눈에서는 별이 뚝뚝 떨어지고
방안은 온통 별빛으로 가득
하늘에서 내려온 작은 천사다

첫돌

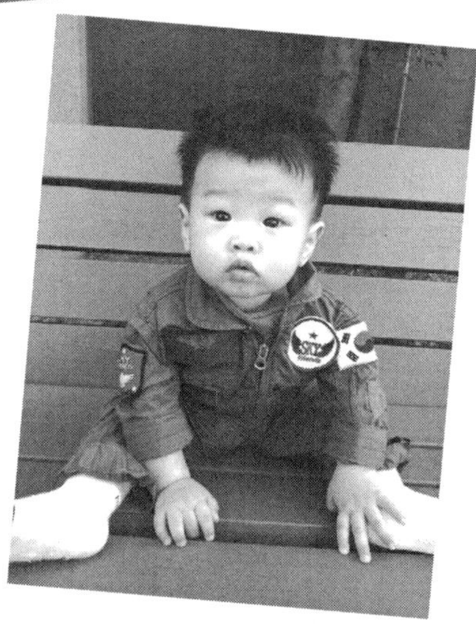

첫돌

세상에서 가장 순수한 것
세상에서 가장 여린 것
처음 너를 본 순간 가슴 떨린
하늘이 주신 고귀한 선물

올챙이처럼 꼼지락대던
여린 생명 오묘한 생명의 징후
우렁찬 울음으로 세상에 태어난 지
만 일 년이 되는 첫돌

초롱초롱한 눈망울
앵두 같은 입술사이로 흐르는
너의 옹알이
잠잘 때 새근새근 뛰는 심장

천사 같은 네 얼굴에
고운 햇살이 와 닿으면
별빛 담은 너의 눈동자에
행복의 무지개가 핀다

- 2020년 1월 17일 '태오' 첫 생일날에

가족사진

큰 딸아이 수능 성적표 나오는 날
설렘을 알았을까 마음이 콩닥콩닥
30년 전 우리가 결혼하는 날
그날도 설레임과 콩닥콩닥

세월에 어찌 우여곡절이 없었을까만
부딪히는 숟가락이 4벌로 늘었고
눈 비 바람 막아주는 따뜻한 집
강산이 세 번씩 변해가는 세월 속에
많은 행복을 얻고 누림에 감사한다

늘 내 편이 되어주는 고마운 옆지기
성적표를 받고 웃으며 고민하는 예쁜 딸
그 아이가 벌써 결혼 날이 잡혀지고
큰 교통사고 속에서도 꿋꿋하게 이겨 낸
장남이자 장손으로 태어난 우리 아들

결혼기념일에 가족사진을 찍고
넷 숟가락 휘지 않고 올곧기를
끊어지지 않는 쇠사슬로 얼기설기
희망의 싹 틔워 가며

건강하여 하고픈 일하며 살기를
혼자만의 호의호식이 아닌 이웃과
더불어 울고 웃으며 영원하길
새벽 운동 가는 길에 마음속으로 기도해 본다

- 2016년 12월 25일 결혼기념일에

택일

일생에 한 번 뿐인 결혼식
신성하고 아름답고 행복한 날
딸아이 결혼 날짜를 정하려
철학관에 택일을 받으러 갔는데
원하는 날짜가 그날이 닭날이라
좋지 않다고
천기대요의 역학과 음양오행
생기 복덕에 의하여 택일한 날짜 잡아준다
닭 울음은
어둠을 물리치며 닭이 울면 해가 뜨고
빛을 부르는 성서로운 것으로 생각했는데
결혼은
사람이 태어나고 죽는 것 다음으로
중요한 인륜지대사라
경사스런 생애 최고의 날
정해준 날짜를 손에 쥐고
내 귓전에
우렁찬 수탉의 울음소릴 배웅삼아
철학관에서
불가사의한 세상으로 걸어 나온다

사진 · 1

멈추어 선 시간
머물러 있는 모습 속에서
사람의 모습은 박제처럼 고정되어
찰칵 찰칵 카메라 셔터의 몸짓
빛바랜 추억으로 남아
이제는 잊혀져가는
사진 속의 그리운 얼굴
아름답고 멋진 추억
복사꽃 그리움은
어디서 찾을까

사진 · 2

삶의 한 순간이 멈추어져 있다
카메라 셔터를 누르는
순간의 표정이 머물러 있고
흐르고만 있는 삶의 시간
인화지에 멈추어져 있다
빛바랜 사진
눈물 뜨거워지는 소중한 추억
아주 작은
삶의 한순간의 표정
무언의 약속조차 하지 않은 시간이
사진 속에서 탈속한 웃음을 지어 보인다

사진 · 3

학교 졸업 앨범을 펼쳐본다
옛날을 다림질하면 꿈 많던 젊은 날
꿈 어린 무지개
흑백으로 나오는 앳된 싱그러운 얼굴
달맞이꽃 웃음으로 다가서던
친구들 어디로 가고
이별은 들꽃처럼 흔적만 남아
눈물 뜨거워지는 소중한 추억되어
아직도 봄 햇살을 붙들고 있다

살다보면

추적추적 쏟아져 내리는 빗줄기
창백한 모습으로
파르르 떨고 있는 능소화

담벼락에 수줍은 미소 지으며
임을 향한 연정
살다보면 너나없이
꿈결같이 달콤한 사랑 오래가지 못하고

후드득 후드득
누가 먼저랄 것도 없이
서로가 서로를 놓아버리는 시간

이렇게 덧없이 떠나보낼 거면
온몸 가득 가시 돋운 채
긴 시간
애써 보듬지나 말 것을

흐르는 강

천지간의 길 없는 길을 따라
유유히 흐르는 강물의 속 깊은 뜻
누가 알 수 있을까

모든 것 강으로 흐르고
다시금 본향의 바다로 모이면
굽이굽이 흐르는 강

물로써 만물이 시작되듯
물은 언제나 어머니의 품성으로
세상을 어루만지고

속세를 품고 다독거리며
끈질긴 힘의 요동이 시간을 끌고 가는
우리네 인생

급물살을 타고 생을 휘감고 있는 모습
오늘도 묵묵히
침묵의 언어를 전한다

「시」 영화를 보고

무심히 지나쳤던 일상을 주시하며
모든 것들 마치 처음 보는 것 같아
60대의 나이지만 소녀 같은 순수함을 가진
아름다움을 찾는 그녀

치매증상을 앓고 있으면서
아직 기억할 수 있고
그걸 기억 할 수 있는 예쁜 기억들을
시를 써두고 싶은 할머니

일상에 대한 깊이 있는 통찰
서민들의 아픔을 탁월하게 묘사하는 이창동 감독
그가 그려내는 인물의 고통은
관객에게 고스란히 더 아프고 힘들게 전해

詩가 죽어가는 시대
詩를 쓴다는 것은 무엇을 의미하는지
경제적 가치만을 중시하는 일상 속에서
눈에 보이지는 않지만

의미가 있다고 생각되는 것들
우리네 삶에 어떤 의미가 있을지
영화관은 몰입이 허용된 장소
누군가와 감각을 공유한다는 느낌

아름다운 추억처럼 간직할 수 있는 곳
시대가 아무리 흘러도
그리움의 대상이 되는 매체는 바뀌겠지만
우리가 보았던 감수성은 세월이 흘러도 남아 있다

-「시」 영화를 보고

소금

상처난 손으로
소금을 집어본 적이 있다
음식을 만들다 시간에 쫓겨
손끝을 벤 것이 실수
상처를 싸매지 않고
소금을 집은 것
상처에 소금을 뿌린다는 것
어떤 감각인지 그때 알았다
굵은 소금 한 줌
희끗한 그늘이 진 굴곡진 입자
무엇인가를 썩지 못하게 하는 힘
쓰리고 아팠던 시간
그 눈물이 있어
이 세상 모든 것이
맛을 낸다는 것을

새벽길

안개 낀 새벽길
어둠 속 상념 기지개 펴고
산기슭 빠져나온 바람
폐부를 찌르고

얽히고설킨 뿌리
고난의 시간을 토해 놓으며
세상의 흙먼지
입김으로 불어대니

길섶 한 송이 들꽃
햇살 한 줌 삼키며
나의
발밑에는 바람을 품는다

산길

스치는 갈바람
두툼한 어깨를 툭 치며
맑은 공기 저편에서
퍼지는 가을 햇살

지천으로 피어나는 들꽃
노랗게 물드는 나뭇잎 사이
산 까치 한 마리 적막을 깨워
울며 날아가는 아침 산길

눈에 담는 모든 것 한 폭의 수채화
인적 없는 가을 산정의 고요
심연에 울어나는 감사의 마음
은연중 고개 숙여 두 손 모은다

파도

멀리서 수면이 솟아오른다
파고가 가장 높아진 순간
하얗게 부서진다

수천수만의 반짝이는 파도
먼 바다의 잔잔한 물살
무수한 물고기들의 비늘 같고

물과 물이 만나는 경계
마치 영원히 반복될 것 같은
파도의 움직임처럼

우리네 삶
부서지는 순간마다
찰나에 불과하다

하화도 섬에서

갈매기 노래하며 날고
은빛 금빛 햇살
잔잔한 물 위에 반짝이며
유람선 뱃길
파란 물 위에
하얀 거품 가득 품고 달려오는
파도의 등살에
부서져 간 세월 돌아올 줄 모르고
철썩거리는 방파제
해안 나뒹구는 뱃고동
목 쉰 갈매기의 울음
해풍에 실어 온
이름 모를 야생화
붉게 석양 속으로 빠져 든다

나이

옹송그린 세월
군데군데 자리잡아 가는 주름
나이 일까

날카롭던 것 유연하게
상처는 치유의 흔적으로
평면적으로 보지 않고
둥글둥글 전체를 보게 되며

내가 없는 것
내게서 떠나가는 것을 집착하지 않고
내게로 오는 것에 감사하는 법을 알게 되어

살아오면서
저마다 연륜이 몸에 배여
인생의 멋과 어둠이 녹아든 양만큼
적절한 빛깔과 향기를 띠는 것이다

김치 속에 우리네 삶

땅속에 아랫도리를 묻고
푸른 잎사귀 뻗어내고서
온갖 풍상 겪고 난 하얀 몸집
간이 배어 적당히 세상맛에 들고

총각과 처녀가 만나 한몸 이루듯
배추가 무를 품고
진득한 찹쌀 풀
붉은 양념과 부대끼며

치마를 입은 듯
한 겹 한 겹 쓰린 살을 비비며
깊은 곳까지 자신의 감싼 속옷으로
고운 화장을 하고 내 몸을 덮으며

잘 삭힌 젓갈 익을수록 감칠맛 나고
배추 잎 사이사이에
노란 웃음꽃
우리네 삶의 입맛을 돋운다

- 감히 누구도 범접 못할 시어머니만의 고유한 영역이라는 튼튼한 이름표 아래 나는 그저 안락하게 김치 맛을 즐기면 그만이었는데 갑자기 어머니 돌아가시고 이제 시어머니 표 김치 맛을 즐기는 혜택은 사라졌다.
오십 중반 넘도록 김치도 맛깔스럽게 담아 보지도 못한 내가 어머니 표에 길들여져 있는 우리 식구들 입맛을 어떻게 따라잡을지, 어머니 살아계셨을 때가 봄날이었다.

웃음

풀잎 위에 맺힌 이슬처럼
행복이의 목에서 은구슬이 굴러 나와
아침 공기를 낭랑하게 울린다.
헤헤하고 웃음소리가
아침 햇빛을 받아 환하게 깨어나며
밤사이 훌쩍 자란 풀잎 같은
행복이*가 마냥 좋다
초롱초롱 예쁜 눈망울
방긋방긋 웃는 입
고사리처럼 귀엽고 작은 손
티 없이 맑은 얼굴
웃음 말고는 다 잊어버린
얼굴이 한들거린다

*행복이 : 외손자의 태명

2

추억과 그리움

유년의 시절에
깔깔거리며 웃던 지난 추억 다들 뭐하는지…
향수로 남아 그리움이 시월 어느 멋진 날
그리움은 단풍 물로 올 것이다.

추억 · 1

석유곤로에
노란 양은냄비 얹어
뽀글뽀글 끓여 먹던 라면
친구의 자취방에서
허기진 위 속에
찬이라곤 달랑 김치 한 가지
계란 한 알 넣는 날엔
더 할 수 없는 입안의 호사 누리던 날
김 서린 안경 너머 뽀얀 수증기
라면처럼 꼬불꼬불한 인생 살지 않겠다던
친구의 말에 깔깔거리며 웃느냐고
불어터진 라면
그때 먹었던 맛 그 어떤 음식보다
아직까지 잊지 못해
마음 뜨거웠던 지난 추억
다들 어디서 뭐 하는지
지금은 그리운 향수로 남아 있네

추억 · 2

해질녘 강가
세상을 밝히던 해는
달빛 배웅 받으며
서산마루에 걸려 있고
세상 아름다운 것 모두
사진 한 컷처럼 찰나에 사라져 버리듯
푸른빛의 청춘은 되돌아오지 않고
아침 이슬처럼
공허하게 흩뿌려져 바람 속에 맴돌고
세월 따라 생기는 주름 속에
세월은 추억을 낳는다

추억 · 3

가을 햇살 눈부심
지그시 눈 감아
지난 날
가버린 시간의 여행을 떠나본다

추억이란 아련한 시간
심장을 멈출 것 같은 고통
흐르는 강물되어 멈추지 않는 갈증
가슴으로 스며들어

보고픔은
날지 못하는 한 마리 새가 되어
아픔은
울음 없는 눈물이 되고

바람은
벼랑 끝에 흔들리는 나무되어
그대의 허상은 허공에 맴도는
소리 없는 메아리

오랜 세월

내 가슴에 박힌
그대 향한
그리움의 빛이다

추억 · 4

빛바랜 책 속
네 잎 행운 클로버
오랫동안 주인의 손길
기다리는 흔적

넘기는 책장
잊을 만큼 묻어나는 세월
첫사랑의 추억
지울 수 없는 기억

세월 가면
잊힐 줄 알았는데
나이가 들수록 짙어지는
또렷한 기억

세월에 압착된 네잎클로버
그리움의 텃밭
추억이 켜켜이 쌓인
살아 있는 화석

그리움 · 1

빛바랜 사진
가물거리는
추억 하나
낙엽 위에 뒹굴어
보고픔 흘려 놓고
옷깃 사이로
살며시 스며든
갈바람
내 안에 그리움이
숨어 있나봐

그리움 · 2

붉은 속내
겹겹이 쌓아 놓은
핏빛 그리움
시월 어느 멋진 날
그리움은
단풍 물로 올 것이다

그리움 · 3

스멀스멀 기억 저편
그리움이 방문하는 날
가을비 마중 나간 잔상은
창가에 서성이고
생기 잃은 내 영혼
바람 따라 메말라 갈 때
폭죽 모양의 가을비가 수직으로 쏟아지며
도란도란 그리움의 속삭임
여기저기 애절한 가을의 광시곡
그리움의 유서인가

그리움 · 4

흔들리는 가지 끝
누군가 앉았던 자리
이파리
떨며 각혈하다
선홍빛 날개로 날아오르고
고욤나무와 옻나무는
감물이 들 때처럼 온몸 간지럽게
눈시울 새빨갛게 붉히며
울다 웃다 가고
보이지 않으면 잊힌다 하지만
세월의 급류에도 지워지지 않아
너 하나를 호주머니에 꺼내서
그저
보고 싶다는 한마디…

그리움·5

황금물결 넘실거리는 가을 들녘
익을 대로 익은 것에
바람이 흔적을 내고
벼이삭 탄탄한 생처럼
온갖 모진 풍파 작은 몸으로
다 담아내는 울 어머니
여자는 약해도 쇠심줄과 같이
질기도록 버텨내며 자식들의 허기진 뱃골에
갓 지은 윤기 자르르 첫 수확한 햅쌀
흰 쌀밥 같은 어머니 얼굴 보고 싶다
따뜻한 밥공기 앞에 두고 서로 마주 할 수 있다면
가슴으로 보듬어도 그리움 한 움큼
가슴주머니에 넣으면 잊을 수 있을까
볼 수 없는 그리움
얼마나 다 써야 소진 될까
가슴속에 숨겨 놓은 그리움
입 밖에 내어 볼 참
참 많이 보고 싶다는 그 말…

연필

유품을 정리하다
수첩 속에 연필로 쓴
삐뚤삐뚤 어머니의 필체
영감 생일 엄녁 7월 23일
며누라 생일 엄녁 10월 23일
식이 생일 엄녁 4월 21일
장손 생일 양녁 3월 2일
받침도 틀린 어머니의 필체가
왜 이리 정다울까
침 발라 꾹꾹 눌러 쓴
시커먼 흑연 심 흔적이
어머니의 가슴 인 것을

발바닥

작은 면적으로
온몸 지탱하며
묵묵히 걸어왔던
고행은 무엇으로 말할 수 있으랴
보이지 않은 저편에서
굳은살 평생 달고서
아무 불평 없이
낮은 자로 행한 그 모습
일요일도 없는 세상
묵언의 군살 박힌 발로 내딛는 발바닥
그 길 하나하나가
바로 부처인 것을

거울 속에 비친 중년의 여자

낯설어 보이는 얼굴
하얗고 뽀얀 탐스런 얼굴
물기 탱탱하고 빛나던 윤기 어디가고
누렇게 시들어
검고 숱 많던 머리도
스트레스에 모근이 다 빠져
입은 웃고 있지만
웃지 못 할 삶의 비애가 물려 있고
티 없이 밝고 순수한 표정은
모진 풍상 다 겪어
나의 모습은 지금의 내 모습인가 의아함에
겹겹 쌓인 먼지만큼이나 내 인생의 추억도
갈색으로 오롯이 남아 있다

앞서간 세월

누군가 어깨를 툭 쳤다
나 이만큼 지나왔어
세월이었다
늘 정신없이 바쁘다는 세월도
곰삭은 살내음 속에서
방전된 희망
오래전에 답변 없던 질문처럼
희로애락 너와 나의 즐겁던
사계절은 말없이 흘러가고
세월도 때론 머문다는 것을
누군가의 가슴에라도
머물고 싶어 한다는 것을

인생은 기찻길

철커덕 철컥철컥
무궁화 열차를 타고
가수 김광석을 찾아 여행을 떠난다

가게와 작업실이 오밀조밀
해방 후 생계를 위해 신천변에
모여 있는 방천시장

바람 소리 섞인 김광석의 먼지가 되어
음악 한 곡 듣는 운치도 여유롭고
황금 낙엽송 옆 벤치에 앉으며
그리움 햇살을 받는 것도 좋아

쉴 새 없이 눌러댄 셔터
디지털 폰 메모리 속에
스쳐가는 인생길
지워지지 않는 추억이 되고

바람 냄새 묻어 있는 플랫폼
파스텔 빛 스치는 간이역 마다
지평선 너머 붉은 노을이 지고

차창 밖으로 작은 집들이 스쳐지나가며

파김치 되어 돌아오더라도
여행이 신날 수밖에 없는 건
그 여정 끝에 이르러서도
여전히 돌아갈 곳이 남아 있기 때문이다

신의 소리 가야금

오동나무 긴 공명관 위
열두 줄의 명주실을 매어
각 줄마다 안족을 받쳐 놓고
손가락으로 뜯어 심금을 울리는
깊은 현의 떨림
그 안에 마음을 비우는 소리
설움을 토해내는 소리가
은은하게 퍼져 나가면
우륵의 늙은 목울대가
꿈틀거리는 것처럼
가야의 가실왕에 의해
없었던 세상이 새로 빚어지고
그 옛날 선현들의 혼
세계 어디에서도 흉내낼 수 없는
민족 고유의 신의 소리가 정정 운다

- 신반 한지축제에서

구름

운주사 앞 벌판에서
구름이 지나가는 걸 무심코 쳐다본다
평평한 바위의 표면에
음각으로 새겨진 부처를 바라보며
거대한 흰구름과 검은 구름
뭉쳐졌다 흩어지는 업의 덩치 무게를 알지 못한 채
그림자가 빠른 속력으로
나란히 함께 흘러가는
기나긴 방랑의 길 위
온갖 슬픔과 기쁨
맛본 나그네 아니고서야
저 구름의 마음 알 수 없다

마중물

어떻게 살아야 하는가
늘
나 자신에게 해보는 질문

이십대 삼십대에는
꿈을 이루려고
애를 쓰며 살았고

50대 이전
성취하고자 하는 욕망
강한 시기였다면

그 이후는 이루는 것 이상
그 너머의
삶을 살고 싶다는 생각이 든다

이미 쌓아올리는 것
한계와 허망함을 아는 까닭일까
앞으로 어떻게 살아야 할 것인가

내가 누군가의 삶에

마중물이 될 수 있다면
그보다 좋은 일이 어디 있겠는가

상념

사푼사푼 함박눈이 내리면
오래된 상념
하루의 언저리에 살며시 앉는다

나풀나풀 가로등 밑에
함박눈의 잔치가 벌어지고
그림자 뒤에서 아우성치는
사라져간 삶의 한 자락

주렁주렁 수은등 빛줄기에 걸린
가지 치는 상념 한 꾸러미
멀어져간 시간 너머로
밀려가는 오늘의 뒷그림자

미련을 남기기 싫어하는 듯
잔뜩 뒤집어쓴 상심까지 꼬셔
세월의 먼지 툭툭 털어
세상 속에 밀어 넣는다

삐걱삐걱 오래된 생각
들추어낼 때마다

내뱉지 못한
언어들이 뒹굴고 있지만

새록새록 칼바람에 베인 상처에도
새살 돋듯 그리움이 싹트는 걸 보니
상념의 잔해는 끝내 선혈을 토해낸다

주인 없는 소리

한순간의 떨림
오동나무 마른 널판 위
오른손 엄지와 검지를 튕기는 금
명주실이 튕겨내는 12개 달기 소리

허공 중에 머물다가 사라져
주인 없는 소리는
영혼을 풀어내어
숨결이 부드러워 둥글게 맑았다

우륵의 늙은 목울대가
꿈틀거리는 것처럼
늘 새로움으로 덧없는 것이고
덧없음으로 늘 새롭듯이
소리는 스스로 울리는 것이다

역사는 묻혀서 거름이 되고
거름은 새 생명을 키워내는 힘이 되어
가야가 사라져도
바람을 타고 전해오는 이곳 의령에
소리는 살아 흔들린다

- 신반 한지축제에서

낮달

손톱을 깎는다
나의 피와 살 속에 박혀
함께 뒹군 삶

자르면 끝인 줄 알았으나
매일 조금씩 단단한 껍질
뱉어내는 침묵의 힘

빛의 세상을 향해
생살을 터트리며
걸어 나오는 저 하얀 뼈의 힘줄

손끝에서 잘려나간
손톱은 비명을 지르지 않고
하얗게 낮달을 띄워 놓는다

3

정이 넘치는 의령

노란세상 꿈꾸며 함께 가꾸는 행복도시 의령
우리네 빈 가슴 채워지며
젊음의 생기도 살아나는 나비의 날갯짓
초록빛에 꿈 먹는 들녘 땡글땡글 여무는 과실
바람 따라 산으로 강으로 청포도 익어가는
의령은 누구나 살고 싶은 희망이어라.

정이 넘치는 의령

햇살 가득 머리에 이고
헉헉거리며 발 동동 구르던 하루해가
먹장구름 사이로 주먹만하게 일그러지며
자굴산 노을빛 붉은 물결 하얀 광채

자굴산 노을빛
붉은 물결 하얀 광채
피라미 거슬러 올라
개울가 소떼 풀어 놓으며

매미 소리에
싱그럽게 청포도 익어가고
노랗게 익은 살구가 입안 가득
노란 세상 꿈꾸며

초록빛에 꿈꾸는 들녘
나의 빈 가슴 채워
땡글땡글 여무는 과일처럼
젊음의 생기도 살아

맑고 밝은 생각 가득찬

초록빛 물살 타고
뜨거운 가슴으로 호흡하며
건강한 부자 마을 훈훈한 인정 베풀어

기쁨은 보태어 주고 아픔은 나누어 가며
정이 넘치는 의령
나비의 날갯짓으로
의령은 누구나 살고 싶은 희망이어라

정암루

정암교를 굽어보는 자리에
우뚝 서 있는 정암루가 강물 위로 출렁이며
가신님 못 잊어 짓무른 눈에
붉은 꽃잎 후두둑 지는 소리가 들린다

왜병 2000여 명을 이끌고
강토가 왜군에 짓밟히고 있을 때
적의 주력을 유인해 궤멸적 타격을
온몸을 휘감는 의병의 승첩지

붉은 옷에 구름 같은 백마를 탄 곽재우가
어디선가 불쑥 튀어나올 것 같은 정암루
밝은 달빛 아래
간질간질 웃음 같은 슬픔 뿌리고 있다

솥바위

눈웃음치는 하늘빛
남강 물 흐르는 정암 철교 아래
연두색 들풀 바람에 나부끼며

가마솥 닮은 바위 하나가
물 위에 유유자적 손짓하고
흐르는 강물엔 가물치가 튀어올랐다가
세발을 달고 물 아래 감춘 형상 속에 숨어

미세한 햇살의 조각들로 눈을 뜰 수 없을 때
강물이 꿈틀거리며 빠르게 흐르고 있는
작은 섬처럼 떠 있는 솥뚜껑을 엎어놓은 솥바위
풀잎 이끼들이 두 손 모으며 수런대는 소리

정암진으로 쳐들어온 왜군을 무찌르고
나라를 지켜낸 것도 불꽃으로 타오르던 횃불
치열한 삶의 함성은 솥바위에서 피어난다

자굴산

비쭉비쭉 치솟은 웅장한 산봉우리
자굴산 능선에 먼동이 트고
맑은 물과 바람 새들의 노래 소리
높고 낮고 크고 작은 영혼의 물결

깎아지른 듯한 절벽 밑
3m 깊이의 동굴
병자호란 때 청나라 군사가 침입하여
말에게 물을 먹이려고 하자

아무리 퍼내어도 마르지를 않던 물이
금세 한 방울도 남지 않고
모두 말라 버렸으니 필시 샘물도 적군의 말에게는
물을 줄 수 없다고 무언의 항쟁이 있는 금지샘

조선시대
남명 조식이 경관에 홀려서
세월 가는 줄 모르고 노닐었다는
명경대가 있는 자굴산

바람이 거칠어도 자는 듯 깨어 있고

허덕이며 넘어야 할 산이 있어
희망찬 내일의 꿈을 엮어
우리에겐 살아야 할 까닭이 있다

찰비계곡 한우산

오뉴월 한 더위에
모기 한 마리 없는 겨울비처럼 차가운
찰비골을 아시는지요
사시사철 맑은 물이 굽이 치고
폭포수와 웅덩이의 물이 너무 맑아
아름다운 숲들이 물에 비쳐서 선경을 그려내는
각시소와 농소, 아소 등이 유명하고요
봄에는 진달래와 철쭉이 군락으로 피어
산 전체가 벌겋게 물들어 등산객들이 찾고
패러글라이딩 터도 있어
오색의 패러글라이딩 모습도 장관이며
여름에는 싱그러운 숲이 울창함을 더하고
가을이면 단풍이 절정을 이루며
겨울이면 계곡 따라 바위 틈새에서
고드름이 주렁주렁 열려 겨울의 정취를 느끼게 하구요
산세가 웅장하고 골이 깊어 곳곳에 기암괴석 있고
또 계곡이 어우러져 절경을 자아내는 산에는
백두산 호랑이도 있고 도깨비 숲도 나오고
한우산 일대 바람을 끌어모아
힘차게 돌고 있는 풍력발전기도 있고요
한여름이면

한우산 능선 바닥에 자리를 깔고 누워
하늘만 쳐다보고 있으면
별들의 세계인 별천지로 빠져들어요
경남 의령군 궁류면 있는
한우산 찰비계곡
언제 와도 좋고 누구와 와도 좋은 곳
이보다 더 좋은 곳이 또 어디 있을까요

의령 농산물

하늘에서 이는 해와
구름과 바람이 다투며
만들어 낸 짙은 녹색 웃음들이
땅의 춤사위에 녹아
하늘에 탐스런 열매를 달았고
검붉은 옥토에 튼실한 먹을거리를 키웠으니
건강한 땅에서 사랑이 자라듯이
천혜의 자연 청정의령의 특산품
친환경 무농약
맑은 물 깨끗한 공기 신선한 바람
더 좋은 환경
볼거리 안전한 먹거리 즐길거리 많은
소소한 행복이 있는
살기 좋은 의령이어라

웃으며 살아가는 의령

맑고 밝은 생각 가득찬
초록빛 물살 타고
향기 가득한 네 송이 꽃으로 피어
4주년을 맞이하는 의령 시사신문

자굴산 노을빛
붉은 물결 하얀 광채
기쁨은 보태어 주고 아픔은 나누어 가며
웃으며 살아가는 의령 인을 위해

끝없는 발전 향한 의지
세상 밝히는 등불되어
의령 향해 심장 소리 높여
뜨거운 가슴으로 호흡하며

활자 하나하나에 지혜로운 세상
건강한 부자 마을 훈훈한 인정 베풀고
새롭고 아름답게 빛날 미래
의령 찾는 이의 가슴에 기쁨 가득 전해준다

- 2017년 의령 『시사신문』 4주년 축시

소바와 친정엄마

김이 솔솔 나는 온소바 위에
결대로 잘게 찢은 소고기 장조림
흙내를 슬슬 풍겨 고명으로 올린 시금치에 채 썬 파
약간의 고춧가루가 식욕을 더하며 엄마 생각이 난다

입맛이 없는 친정엄마를 모시고
소바 한 그릇 먹으러 왔는데
식욕이 없던 분이 어쩜 그렇게 맛있게 드시는지
매끄러운 면이 입안에서 살살 감기고

쫀득하면서도 부드럽게 씹히는 것이 편안하고
뜨끈한 육수를 한 모금 마시면서
멸치 육수의 개운함이 온몸으로 퍼진다며
딸네 집에 왔다가 소바 한 그릇에 반해 버린 친정엄마

뜨끈뜨끈한 메밀국수 한 그릇에
행복이 묻어나고 먹으면 속이 확 풀리는
화끈하고 시원해 찜질방에
갈 필요가 없는 서민의 음식

구수한 육수 본연의 참 맛

남녀노소 불문하고 누구나 좋아하는
우리네 입맛에 맞게 개선된 의령 향토의 맛
소바 한 그릇 드시고 간 것이 마지막일 줄이야

엄마가 보고 싶을 때면
후루룩~! 한 젓가락 크게 입에 넣고
뜨끈한 소바 국물 한 그릇을 비우러
휘적휘적 길을 나선다

우리 문자·1

외래어의 홍수 속에 글자가 퇴색되고
한글 형태를 멍들게 만드는
요즘 SNS의 짧은 기이한 단어의 생성
글도 죽고 새로 태어나는 미물인 것을

자음과 모음이 모여 글자를 이루고
돈에도 음양이 존재하듯
초성 중성 종성의 세 가지 이치
천 지 인에서 만들어 낸 한글

세종대왕의 훈민정음
소리글자인 한글과 뜻글자인 한자
음 양의 원리로 되어 있는
완벽한 과학의 언어 하나로 된 우리 문자

만주의 혹한 속에서 포기하지 않고
끝까지 싸웠던 이극로
그는 그렇게 죽어 갔지만

거룩한 피는
새 역사의 토대가 되어
결코 헛되지 않는다

우리 문자·2

애타게 기다려 본 사람은 알 수 있으리라
순간의 절박함을
불타오르는 가슴을 쓸어 내려 본 사람은
느낄 수 있으리라
얼마나 심장이 오그라들었는지

우리 문자를 만나는 순간
온 세상이 환희의 물결을 이루고
자음과 모음이 모인 글자
진한 맥박의 진동 애절함이여

까맣게 탄 가슴 활짝 열어
그가 우리에게 남긴 업적
자주독립과 민족의식을 일깨우는 불굴의 정신
자자손손 모두가 새겨야 할 교훈이다

여울목

오랜 산고 끝에
옥동자 우렁찬 울음소리
첫발을 내딛던 날

온 누리에 가득
영롱한 숨결 빼어 닮은
한아름의 詩무리

한 알의 씨앗 움트고
마음의 정원에 향기로 남아
진등재 불타는 열정

맑은 영혼 변함없는
언어의 씨앗들
풀꽃이 되고 숲이 되어

햇살 닮은 따뜻한 인정
이파리마다 상큼한 녹음 향기를 퍼뜨렸나니
사철나무처럼 굳센 믿음

한 올 한 올

윤슬처럼 반짝이는 詩心
진등재 축제 한마당

온누리에서 모여든 은은한 시향
여울목 너머
방방곡곡 울려 퍼진다

- 진등재 수필 4호 축시

새 희망의 아침

빛과 어둠이 공존하는 이 땅에
새 기운이 눈을 뜨고
태양이 중천에 뜨는 황홀함
뜨거운 가슴 녹아들고

의령을 휘감은 영롱한 기운
새잎이 돋는 희망
각혈하는 심장의 고동소리
그대 들리는가

붉은 쇳물 뚝뚝 흘리며
팽팽한 수레바퀴 아래
날갯죽지 길게 뻗어 새 희망을 꿈꾸나니
머리카락 끝에서도 들리는 듯

세상의 모든 이여 보라
세상의 모든 이여 들어라
저 멀리 보이는 의령인의 꿈과 희망
행복의 노래가 울려 퍼지는 날

불 같은 열정 새 희망 다지며

태양이 지기까지
저 붉은 영토에 우리가 있음을
희망의 깃발 세워 청마는 달린다

2014년 시사신문
갑오년 새해에는 청마의 기운을 받아….

축시

– 의령 『시사신문』 창간에 부쳐

걸음보다
세월은 저만치 앞서가
늘 잡을 수 없는 거리에서
지방화시대 미래를 지향하며
발전 향한 끝없는 의지
크고 작은 시련
새로운 길 향해 쉼 없는 날개
뜨거운 가슴으로 호흡하며
맑고 밝은 생각들 가득찬
초록빛 물살 타고
새 이름으로 태어난
의령 시사신문이여
누군가 그 길 향한 의지 있어
의령 향해 심장 소리 높여 가고
향기 가득한 꽃으로 피어
가슴 가슴에 기쁨 가득 전해주니
활자 하나하나에 지혜로운 세상 열려
새롭고 아름답게 빛날 미래
세계 향한 큰 걸음 이제 시작 되었으니
걸음마다 축복으로 가득찬 향기의 꽃밭 이루고
길이 있었기에 가슴 뛰는 감동

사람 사는 세상 훈훈한 인정 베풀고
활자에 가득 담은 사랑
세상 밝히는 등불되어
의령 시사신문 영원하소서

- 지방화시대 진정한 지역 신문으로 거듭 새롭게 태어나는 의령 시사신문에 독자 여러분의 변함없는 성원과 격려가 있기를 기원하면서….

등불

– 『시사시문』 창간 1주년 축시

언어들이 부유하는 곳
문화와 자유의 깃발
비바람에도 멈출 수 없는
정겨운 시사신문이여!

한 알의 곡식을 만들기 위해
수많은 땀방울 농부의 손끝처럼
참 좋은 소식 전하기 위해
東奔西走하는 시사신문이여!

기쁨은 보태어 주고 아픔은 나누어 가며
웃으며 살아가는 건강한 부자마을 만들기 위해
왜곡보도나 순간의 감정에 흔들리지 않고
믿음과 진실한 언어를 먹고 사는

꿈이 있는 열린 세상
활자에 가득 담은 사랑
세상 밝히는 등불 되어
늘 청정하게 꽃 피운다

청아한 울림의 징소리
-『시사시문』 창간 2주년 축시

출발점에서 시작한 지 두 해째
우리들의 미래를 지켜온 자굴산 눈빛 닮아
푸르고 묵직한 무게로
공정한 보도를 위해 뛰고 있는 시사신문이여

자굴산 숲 바람 속에 담겨온 산 이야기
들녘에 담긴 땅과 물의 이야기
더불어 살아가는 이웃들의 풋풋한 이야기
꾸밈없는 진실한 목소리로 엮어

세상에 올곧게 알리는 푸른 가교가 되고
의령군민들의 눈 귀 입이 되어
그 목소리가 들려 행복해 하며
그 소리 기다리는 사람들 많아지도록

시원한 울림이 있고
아픈 상처까지도 감싸 안으며
오래도록 청아한 여운을 남기는
은은한 징소리가 되소서

봄날 · 1

벚꽃이 하늘하늘 거린다
낙화하는 몸짓이 춘흥을 돋구고
꽃을 찾아다니던 나비가
도란도란 거리는 햇살이랑
마주 앉은 바람과
짧은 생을 나누는 화려한 꽃잎 속에
꽃 속을 유영하듯 날아다니며
불어오는 미풍처럼
부푼 희망을 안고
행복의 미소를 띄운다

봄날 · 2

여린 햇살 말아
몸에 둘둘 말면
내
가슴에도 봄날이 올까

봄

나이가 들어도
봄을 느끼는 가슴은
어린 강아지처럼
뒤뚱거리고
매화꽃 향기 같은
불쑥불쑥 피어오르는 그리움은
아지랑이처럼
솟아나는 게 봄이다

가을비

내 마음을 통째로
그리움에 빠뜨려 버리는
가을비가 하루 종일 내린다

빗방울이
창을 두드리고 부딪치니
외로워지는 내 마음이 흔들리고

솟구치는 그리움은 어쩔 수 없어
울렁이는 마음 움켜쥐고
보고 싶은 얼굴 그려 본다

그리움의 씨앗

팔월 한낮 뜨거운 열기처럼
가슴 가장자리에는 불이 붙고
새까맣게 탄 누룽지처럼
까맣게 까맣게
그리움의 씨앗을 여물며
하루 종일
타오르는 노란 얼굴로
오직
한마음 되어
그대 향해 가슴을 열고
바보처럼 웃고 서 있지만
눈길 한 번 주지 않아
가만히 물들어 오는
시린 앙금
눈물 가득 흐르는데
남에 눈에 보일까 봐
항상 웃는 표정 변치 않고
고운 자태로 고개 숙이고
어느 한 사람을 위해 서 있는
해바라기는
오소소 돋아나는 그리움의 씨앗이다

- 함안 강주 해바라기 축제를 다녀와서

4

안개, 이별

비움과 채움으로,
만남과 헤어짐으로 음양의 조화로운 이치이듯이
마음이 가득 찰 때 비워질 공간을 위해
아름다운 추억을
그리워하면서….

안개 · 1

꿈틀거리는 욕망
벗어나지 못하는 심오한 번뇌
현실로부터 벗어날 수 없는
답답한 심정 가눌 수 없고

마음속 응어리 타 오르는 허황된 꿈
허상과 부딪치지 않으려고
잡히지 않는 현실 속에서
바동대며 살아

뭔가 아슬아슬 보일 듯 말 듯
알 듯 말 듯
우리네 삶도 진리도
삶 자체가 안개 속을 걷는다

안개 · 2

짙게 깔린 새벽안개 틈새
뭉게뭉게 피어오르는
물안개의 위력에 움츠려
서서히 승천할 준비는 끝나고
더러워진 상념에 얽매이는 순간처럼
끝없이 방황하는 집시들의 꿈
현실로부터 벗어날 수 없는
허상과 부딪치지 않으려고 바동대며
잡히지 않는 현실 속에서
자멸하는 너의 모습을 본다

안개 · 3

아슬아슬 보일 듯 말 듯
오전이 다가도록 걷히지 않는 안개
잠이 덜 깬 새벽을 흉내내고 있다

떠지지 않는 눈을 비벼대도
쉬이 깨지 못하는 잠처럼
어둠의 잔영이 곳곳에 늘어져 있고

어깨에 얹힌 풀지 못한 피로 같은
물에 잠긴 솜처럼
희뿌옇게 자리 깔고 누워

길 건너 먼 산마저
희멀겋게 휘감고
여태 일어날 기미조차 없는 듯하다

안개 · 4

짙게 안개가 낀 새벽
하늘과 땅의 경계가 사라졌다
내가 바라보는 사오 미터 거리에
서 있는 높다란 미루나무
두 그루가 먹색 윤곽
어렴풋이 드러내고 있을 뿐
그 밖의 모든 것이 희다
아니 저것을 희다고 할 수 있을까
검게 젖은 어둠을
차가운 입자마다 머금고
이승과 저승 사이를
소리 없이 일렁이는
저 거대한 물의 움직임을

안개 · 5

보일 듯 말 듯 잡힐 듯 말 듯
오리무중인 안개
산을 덮고 신비감을 연출하는 비경
골을 타고 자욱하게 스멀스멀 밀려와

뭉게뭉게 피어오르는
물안개의 위력에 움츠려
바동거리며
더러워진 상념에 얽매이는 순간

가을바람에
낙엽 떨어져 애잔함이 목을 메이고
끝없이 방황하는 집시들의 꿈처럼
반짝 해 뜨면 사라져야만 하는 티끌이다

성에

공기가 완전히 차단되지 않는
유리창에 성에가 낀다
한겨울
하얗게 얼어붙은 무늬
강이나 개울
살얼음을 닮았다

장례식장에서

인연이란 것이 무 자르듯
그렇게 싹뚝 잘리어진다면 모를까
당신이 내게 준 따뜻함이
아직도 내 안에 있는데
깨어나지 못하고 그대로 떠나십니까

당신이 떠나는 날
퍼붓는 빗줄기는 울음이 되고
튀어 오르는 빗방울은 사연이 되어
함포 터지는 소리
우리는 저리도 아픈 이별을 하나봅니다

맑디맑은 소주잔은
산자들의 입을 통해 사라지고
희뿌연 담배 연기들은
죽은 자를 향해 날아가면
삶과 죽음이 공존하고

사랑하는 사람을 멀리 보낸다는 것
헤어짐의 순간이 아닌
그 뒤에 찾아 올 당신의 여운 때문에

가슴에 피어나는 그리움의 아지랑이
얼마나 세월 흘러야 까마득 잊혀질까요

세월호의 참변

먹장구름도 가시지 않는 날
이 무슨 하늘 무너지는 변고인가

즐거운 마음으로 떠났던
제주도 수학여행길
생의 끝맺음이 웬 말인가

낯선 고장 깊은 바다 속
진도군 조도 앞바다
세월호의 참변이 웬일인가

꽃다운 청춘 꽃다운 인생
너의 그리 길지 않았던 생애
국민 모두 땅을 치고 한탄하며
바람도 목놓아 통곡하는데

채 피지 못한 여민 싹
이제 막 꽃봉오리가 되어 피기 전
살아 있음이 죽음보다 서러운
이 슬픈 천지에도 꽃잎은 날리고

옆에 있을 것 같은 어린 꽃들
가슴 먹먹한 슬픔의 메아리 되어
잘~가라는 말밖에

이별 · 1

불꽃으로 타오르다가
잿더미로 바람에
흩날려 갈 때까지도
이별인지도 몰랐다

이별의 장벽 앞에서
그 빈자리
가슴으로 다가오면
뭉에 덴 흉터처럼 뻐근하며 짜릿하게
생채기로 바람이 머물다 간다

행여 꿈에서 만날까
그대 목소리 들으려고
귀 기울여 보지만
가슴 스치는 텅 빈 속삭임에
이별의 설움 남아 있고

다만 반짝이는 햇살 아래
통곡하던 빈 자리만
덩그러니 설명을 못한 채
주저앉아 있다

이별·2

하늘을
산산이 찢어 놓으며
울부짖어도
어느 누구하나

죽음
그것만은 아무도 도와줄 수 없고
청개구리처럼 통곡하는
또 다른 이별을 본다

만남이
의도된 약속이 아니듯
이별 또한
우리의 설계된 계획이 아니다

이별의 빈 자리가
아픔이기도 하지만
남아 있는 이들은
남겨 놓은 그릇을 헤아리고

그 빈자리
밤을 휘젓는 그리움만
시간을 몰고 있었다

이별 · 3

이별은
이미 준비된 약속
가야 할 때가 언제인가를
우리는 잊고 살기에

이별은
분명히 떠나는 존재
가야 할 때를
미처 모르고 사는 동안

욕심내고 경쟁하며
서로 흠집내며 다툴 때
우리네
죽음 같은 건 생각하지 못했다

누가 말했던가
이별은
거미줄에 얽힌
인연의 줄을 끊는다고

눈물 · 1

파란 하늘 보면
왠지
눈물이 솟는다.

구름이 흐르고
바람 소슬하게 귓가를 스치면
잊혀진 날

유난히 가슴을 후비고
돌이킬 수 없는
시간은 찡하니 가슴을 긁어

속내 들어내지 못함을 삭혀
토해내는 한스러움
빗물처럼 가슴엔

아직도
더운 눈물이 남아 있어
혼자 울고 싶을 때가 있다

눈물 · 2

살아가는 세상 속
걸어가는 길과 뛰어가는 길이 같듯이
똑같이 않은 다른 길
존재의 폭을 넓히고 있지만
얼음 같은 냉철함으로
사려 깊은 내심을 고려해 보지만
금방이라도 쏟아질 것 같은 물주머니처럼
때론 걷잡을 수 없는 냉기를 가진 유빙이 되어
육신의 늑골 뚫고 길을 만들어
홀로 걷는 또 다른 외로움의 흔적이
눈물이다

중환자실에서 · 1

생존의 고비 가까스로 넘긴 뒤
유린당했던 뼛조각과 살점들이
내 아들 얼굴에 덮여 있다
사지가 찢기고
뼈마디 녹아내리는 절박한 고통
엉겨붙은 핏덩어리가
입술이
불판 위 고깃덩이로
지글지글 타들어가던
죽음보다 두려운 극한의 통증
사경을 헤매고 있는 아들을 병실에 놓아두고
부모가 된 내가 숟가락 들고
밥 먹고 있는 나를 보며
걷잡을 수 없이 밀려드는
서러움에
긴 울음을 삼킨다

중환자실에서 · 2

중환자실에 누워 놓고 돌아오는 길
하늘엔 별빛 무한히 쏟아지고
가난이 죄라는 것
펑펑 쏟아지는 눈물에서 그때 처음 알았다

병실에서 죽어 나가는 환자를 보면
만감이 교차되고
찢어지듯 가슴 아픈 그들의 울음 속에
불어오는 바람이 이별을 노래하고

돌아선 등 뒤에서 들려오는
너의 고통스러운 신음 소리가
아무것도 해 줄 수 없는 공허로
텅텅 빈손 가슴뼈를 휘젓고 있다

중환자실에서 · 3

의식도 없이 사경을 헤매고
긴 터널의 끝자락에 생명을 내려놓고
병원 기계로 의지하며 지난 지도 일주일
면회시간 십 분
가슴 한쪽을 도려내는 아픔
가족의 마음은 아는지
기계적으로 숨 쉬던 아들
산소마스크를 끼고 자기 의지로
극한 고통을 이기며
숨을 쉬는 연습을 하며
숨을 내몰아 쉬는
아들에 모습을 보니
가슴이 타들어간다

파도가 지나간 자리

모래들의 숨소리가 들리는 바닷가
파도가 달려온다
손에 쥔 하얀 거품 안고
일고 일다 부서질 신음 같은 파도 소리
어지러운 춤을 추며
말 못할 가슴속 그리움
모래밭에 덮고
한시도 쉴 새 없이 밀고 밀려가는
파도가 지나간 자리에
시퍼렇게 가슴에 멍만 들어
하얀 눈물 왈칵 쏟아 버린다

논개 · 1

가신님 못 잊어 짓무른 눈에
붉은 꽃잎 후두둑 지는 소리
애절한 가슴 물 위로 출렁이며
온몸을 휘감는 논개의 선열
사랑하는 님 그리움 토해 놓고
눈물로 맺힌 꽃향기
서러워 오늘도
강물에 푸르게 풀어놓아
간질간질 웃음 같은 슬픔 뿌리고 있다

논개 · 2

당신을 기다리는 맘
밝은 달빛 아래
그리운 맘 풀어 널면
내 영혼 왈칵 솟아져
눈물로 흩어진 파편들
엉겨붙은 그리움 조각조각
짜깁기해서 마름질하는 여심
새벽이면 지고 마는
애달픈 사랑
서러움에 통곡하고
내일이면
속살 부드러운 미소로
다시 피어나리라

꽃을 닮은 그녀

피의 역사가 있는 도시
논개의 영혼이 깃든 진주성
왜장을 껴안고 푸름 남강에 뛰어내려
꽃처럼 사라진 여인

비극이 눈앞에 서성이며
그녀의 심정은 오죽했을까
온몸 바쳐 활짝 피었다가
순식간에 지는 꽃을 닮은 그녀

진주성 황포돛배가 해진 뒤
강물에 은은한 빛 물결치면
먼 옛날 보여준 한 여인의 충혼
영혼이 남아 있는 듯

아름다운 남강에
420년이 지난 지금까지
우리네 가슴 깊은 곳에
큰 울림으로 남아 있다

꿈

꿈을 꾸었다
자주 시험에 쫓기는 꿈을 꾼다
답안지 제출 할 시간이 채 오 분도 안 남았는데
답안지는 빈 백지로 남아 있다
어깨의 한없는 무거움에 놀라 깬 새벽
때로는 시험지 제출을 못해 서럽게 울다가
그 허전함에 다시 또 잠들지 못하고
허무맹랑하고 황당무계해 보이는 꿈이
오십 중반까지 자주 꾸었다
가슴 가득 품고 설레어 보아야 할 청춘을
난 항상 쫓기며 살았는지 모른다
꿈을 깨면 자신의 목마름도 달래지 못하고
단 한 번도 이룰 수 없는 꿈을 위해
매년 신춘문예 꿈을 꾸고

5

사계절 이야기

사계절은 말없이 흘러가고
세월도 누군가의 가슴에 머물고 싶고
화려한 자태를 뽐내던 낙엽이 어느덧 길거리에
고엽이 되어 생을 마감하는 모습 속에
사계절 이야기가 우리네 삶이다.

새싹

엄동설한 햇살
가지마다 분홍빛 물이 오르고
산자락 낮게 달리던 바람
아득히 먼 길 돌아온 봄소식
새색시의 여린 순결처럼
봄눈 먹고 자란 새싹
연초록 예쁘게 단장하고
세상 향해 힘껏 달린다

벚꽃

간질병이 도졌다
기글기글 화류 같은
수많은 작은 꽃들
꽃 거품 입에 물고
주저리 주절주절
미풍에 춘정을 흘리며
가지마다 비틀거리고
혓바늘 아리도록
꽃들이 경련하며
내숭 떨던 벚꽃
속살을 까발리고
화룽화룽 웃고 있다

봄 · 1

죽음의 봉분 속
짧은 호흡을 하며 기다린 긴 시간
죽어야 산다는 자연의 이치
봄에서 느낄 수 있고
어둠이 있어 별이 빛나듯
얼음 밭을 나뒹굴었던 봄의 씨앗
두꺼운 땅의 껍질을 열고
환한 미소로 웃고 있다

봄 · 2

아지랑이
들숨 날숨 잦아진 오후
웅크려 앉은 고무 함지
냉이 달래 씀바귀
봄나물 파는 할머니
검버섯의 투박한 손에도
흙빛 반짝이며
푸른 봄물이 짙게 물들었다

봄 · 3

바람결엔 촉촉한 습기
휘휘 돌아온 봄바람
줄기에 귀 기울이면
뿌리 깊은 곳 울컥울컥
물 끌어올리는 소리
잿빛 줄기
가지마다 한 줌 햇살
스친 자리 꽃망울 맺혀지고
녹색의 환희
희망
봄이어라

봄의 향연

저 산 넘어 햇살 아장아장
봄 사랑 안고 오면

암탉 소리에 잠을 깬
울타리 개나리꽃
병아리를 부르며

대청 밑에 배 깔고
나른히 잠든 강아지의 졸음
봄 햇살 가득 그려지고

밭고랑 향긋한 냉이
이랴 이랴 워워
쟁기질 소리에 꿈틀거리는 텃밭

풋풋한 흙냄새
지렁이 가득한
텃밭에서 피어오르는 봄의 향연

봄의 출산

바람에 귀 세운 연초록 벚나무
강가 미동에 실눈 치켜세우며
주변 눈치를 살피고
진통이 끝난 새싹은
땅이 들썩거리며
나뭇가지에 매달린 몽우리
땅속 만삭의 진통에 메마른 입술 깨물고
부풀어 오르는 천지는
갓 태어난
눈뜬 것들의 탯줄을 끊어내느라
부챗살 같은 햇살 삼키며
얼음에 뒤덮여 졸고 있는
강의 등줄기 밀어내고
바닥에서 꿈틀거리며
봄을 낳는 중이다

가을 · 1

바람은 살랑 살랑
내 마음 흔들어 놓고 비시시 웃는다
단풍은 내 마음 붉게 물들어 놓고
싱얼싱얼 바람 따라 웃는다
바람 부는 소리 낙엽 쓸려가는 소리
가을은 깊어가고
내 마음 단풍 따라 바람 따라
나도 새앨새앨 웃는다

가을 · 2

가을은 눈물이다
설레임 같은 눈물이다
흘러온 시간 위에 머문 물음
하나둘
가슴 한 켠 그리움
잊혀진 얼굴 기억해야만 할 것 같은 눈부신 날
다시 이어질 끈으로
화려한 곡예를 꿈꾸다
우수수 낙하하는
소금기 없는 맑은 눈물이다
가을은 바람도 눈물이 되어 분다
흐느적거리던 바람
옷깃에 스며들어
온몸을 흔들어 깨우는 눈물이다

가을 · 3

기러기 떼 쓸쓸하게
날아가는 날개 위에
또 다른 계절이 실려 오고
해바라기 외롭게 고개 숙인
그 자리에
들국화 아가씨 조용히 웃음 짓을 때
경운기에 볏단을 싣고
아늑한 보금자리로 향하는
농부에 얼굴에는 보이지 않는 미소가
굴러가는 경운기처럼 흔들거리고
싸리문 열어 놓고 앞마당 멍석 위에
자식들에게 나누어 줄 붉은 고추를 말리시던
어머니의 옛 모습이 그리울 때
소나무에 걸터앉은 산새 한 마리
서글픈 가을을 노래한다

가을향기

너는 들어 보았는가
금빛 실타래를 푸는
귀뚜라미 연가

너는 맡아 보았는가
창문 틈새
노랗게 익어가는 모과의 몸부림

너는 부대껴 보았는가
가슴 내민 석류 알의 터질 듯한
요염한 자태를

너는 만져 보았는가
손끝마다 서걱거리는 벼들의 만삭
의령 들녘 가을 냄새로 일렁인다

우리네 인생

겨우내 꽁꽁 언 땅 뚫고
눈물 머금고 올라온 지난 봄 새싹
내리쬐는 뜨거운 태양열 머리에 이고
휘몰아치는 태풍도 거뜬히 지켜가던 초록
푸름으로 싱그러움을 전해줬던 지난여름
이제는 검푸른 초록 뒤로 하고
화려한 불꽃 피우더니
전사한 자의 흔적이 상처가 되어
발자취를 감추는 낙엽
휑한 반가지 쳐다보니
우리네 인생이랑 이리도 닮았으랴
바람처럼 왔다가
바람처럼 가는 인생이라 누가 그랬던가

- 화려한 자태를 뽐내던 낙엽이 어느덧 길거리에 낙엽이 고엽이 되어 생을 마감하는 모습 속에 우리네 삶을 느끼면서….

가을 편지

가을날
낙엽을 사랑하는 사람에게
편지를 쓸 수 있는 감성이 남아 있다면
눈물로 온몸 얼룩진들 어떠하오리
필체에 묻어 있는 체취
눈물 같은 그리움
마음에 담은 글씨 한 줄 한 줄
아련히 편지지에 번져
가을날 그대에게
한 통의 편지를 쓸 수 있다면
가슴 깊이 꼭꼭 묻어두었던 말
하나둘 꺼내
붉은 눈물로 떨어지는 낙엽에
홀로 수줍은 별빛처럼
예쁘게 감싸 접어
그대 창가 머문 바람결에
고이 띄워 보내리다

가을바람

잎새에 부는 바람
마음에 흩날리면
그리움 한 자락 옷깃 스미는
외로움에 눈을 감는다

파란 물감 질퍽하게 풀어
찍어내듯 가슴에 담고
그리움 앓는 가을은
사람 냄새 배어 있다

아무것도 아닐 그 무엇이
이는 바람에 아픔으로 항거하면
삶의 무게가 사랑이었을까
서걱서걱 대는 메마른 가을 소리였을까

무상함이여
찬바람 앞에서
지금 흔들리고 있음은
허전한 가슴 언저리 맴도는 바람 때문이겠지

모과

울퉁불퉁한 나의 한 생애
노루 꼬리 같은 햇살을 받으며
잘게 잘게 저밀 때
온몸이 황금빛으로 찬란하였다

겉모습은 두리뭉실하고
주물러 놓은 것처럼
외모는 꾸밀 줄 모르는
울퉁불퉁한 모양을 하고 있지만

떨떠름하고 삽삽한 맛 한약재로
주독을 풀고 가래를 삭이고
울렁울렁하는 속을 가라앉히며
쓰임새 있는 야무지고 할 일 톡톡히 하는 모과

황금빛이 절정에 하산할 무렵
상처에서 검은 반점이 생기고
수수한 옷차림의 화장 끼 없는
나의 어머니 모습처럼

영혼이 까맣게 탈진할수록

고통을 감내하며
승용차 안방 어디에서나
더 진한 향기로 남아 있다

가을은 떠나가고

곱게 채색된 은행잎
내년을 기약이라도 해 놓은 듯
세월 따라 속절없이 떠나고
단풍은
붉음으로 자기 색을 말하고
노랑과 붉음의 열정
하늘 창 열어 내리는 순한 가을 햇살
매어달린 저 난무하는 낙엽의 낙하
바둥거리는 우리네 인생도 그러할진대
붉게 물들어 가던 내 마음
떨어지는 낙엽처럼 황량해져
가슴에서 내리는 하얀 서리꽃
돌아보면 어느덧 겨울인 것을
파리한 낙엽은 길을 떠나고
우리도 언제가 본향을 향해 떠나가는 것
어떤 색감으로 인생을 덧칠해야 할까

시월의 바람

바람 불면
나뒹구는 낙엽이
불붙여 싸운다
가벼이 날아오르고 싶은 욕망
하늘을 기웃거려도
쏟아지지 않는 붉은 해처럼
팽팽한 시위에 매달아
여문 하늘로 날고 싶은데
끝내 골목 모퉁이에 주저 앉아버린다
별이나 꽃처럼 눈부시게 피고 싶은
욕심이 아니라
시월의 바람 따라 날고 싶은 마음일 뿐
잃어버린 꿈 찾아
무거워 졸고 있는 저 길을
지워져버린 허공일지라도
앞질러 갈 수 있다면
파드득파드득 안간힘 쏟는 날개
뿌리 끝을 악착스레 물고
한 마리 독수리처럼
시월의 바람 따라 빠져나가고 싶다

틈새

단풍놀이
차가 막힌다
막힌 틈새 그 짧은 순간
한 생이 나타난다
불쑥

긴급출동 카 서비스 차 사이까지
틈새를 비집고 다니며
뻥튀기나 오징어를 팔고 다니는
바람에 깃들여 굴러다니는 것처럼
요리조리 잘도 피한다

한시도 가만있지 못하는
신출귀몰 그림자인 양
사람이 있는 곳
그는 외줄을 타는
곡예사가 된다

입김

추운 겨울날
입술에서 하얗게 입김이 새어 나온다
그것은 우리가 살아 있다는 것

차가운 공기가 캄캄한 허파 속에 밀려들어와
체온으로 덥혀져 하얀 날숨이 되는 것
우리 몸이 따뜻하다는 증거

내뿜는 입김 속에 들어 있던 수증기
생명이 희끗하고 분명한 형상으로
허공에 퍼져나가는 꽃이다

겨울바람

어둠이 내린다
온몸을 웅크린
몸뚱아리가 떨린다

빈 가지 끝 나무 잎사귀가
현수막을 지탱하는 끈에
붙들려 있어도
몸은 아직 뜨겁다고

깨진 유리 날 같은 추위
뺨을 긁어도
저 무수한 바람 친구 삼아
씩씩하게 살아간다고

잔뜩 움츠린 나를 보며
동장군 추위에 못 이겨
골골한다고
행하며 얼굴을 할퀸다

해설

추억과 그리움과 쓸쓸함이 빚어낸 희망의 노래

– 水香 이미순 시집 『첫정』

김영곤(시인/행정학박사)

수향 이미순 시인의 세 번째 시집 '첫정' 해설을 청탁 받고 주저 없이 수락하였다. 반대로 평설을 부탁 받았다면 또 주저없이 손사래를 쳤을 것이다. 해설을 하게 된 이유는 간단하다. 그저 독자의 한 사람으로서 긴 시간 동안 시인을 지척에서 지켜본 문우로서 시인의 세 번째 시편이 궁금하기도 하였을 뿐 아니라 그저 나의 진솔한 시 감상에 대한 격의 없는 느낌을 말해주고 싶었기 때문이다. 시인의 시는 모두 5부로 이루어져 있으며 총100편을 시가 한 권의 시집에 묶였다. 우선 시인이 표제를 첫정으로 내세운 이유가 궁금했다. 애써 고민할 이유도 없이 시인이 직접 예순 해 가까이 살아오면서 첫정에서 설레임과 행복을 느꼈다고 말하고 있었다. 그것이 첫 손주의 탄생에 대한 기쁨이었다. 이 세상 태어난 보물이 우는 모습과 배냇짓까지 온통 탄생의 기쁨을 시인 자신의 삶에서 가장 큰 축복이라

적었다.
딸아이 뱃속에서
열 달 동안 한 몸으로 지내다
한 사람의 인격체로
이 세상에 태어난 소중한 보물

탯줄을 끊으면서 이제 새로운
한 인격의 존재로 세상을 살아갈
경이로움에 우렁찬 울음소리
손주와 첫 만남

자면서도 울고
자면서도 예쁜 배냇짓 하는 것을 보면
첫정에 가슴 설레며
내 삶의 가장 큰 축복이다

- 제1부 「첫정」 전문

하지만 우리네 삶이 어찌 축복만 있으랴. 부대끼고 찢기면서 살아가는 것이 보편적인 사람의 삶이기에 시인도 비껴갈 수 없었나 보다. 어쩌다 상처난 손으로 소금을 집어 음식을 조리하느라 쓰리고 아팠다. 그것 때문에 세상의 맛을 낸다는 모더니즘적 사유는 시인이 지닌 반전의 달달한 감성이었다.

상처 난 손으로
소금을 집어본 적이 있다

음식을 만들다 시간에 쫓겨
손끝을 벤 것이 실수
상처를 싸매지 않고
소금을 집은 것
상처에 소금을 뿌린다는 것
어떤 감각인지 그때 알았다
굵은 소금 한 줌
희끗한 그늘이 진 굴곡진 입자
무엇인가를 썩지 못하게 하는 힘
쓰리고 아팠던 시간
그 눈물이 있어
이 세상 모든 것이
맛을 낸다는 것을

-제1부 「소금」 전문

인간이 가진 오감은 늘 한결같지만 않다. 그래서 가끔은 기쁘다가도 마냥 허무해지기도 한다. 마치 롤러코스터를 타는 것처럼 왔다갔다 오르내린다. 시인 역시 이 점을 너무 잘 알고 있다. 무수히 솟구쳤다 부서지는 파도를 보고 삶의 찰나라고 가감없이 이야기한다.

멀리서 수면이 솟아오른다
파고가 가장 높아진 순간
하얗게 부서진다

수천수만의 반짝이는 파도
먼 바다의 잔잔한 물살

무수한 물고기들의 비늘 같고

물과 물이 만나는 경계
마치 영원히 반복 될 것 같은
파도의 움직임처럼

우리네 삶
부서지는 순간마다
찰나에 불과하다

- 제1부 「파도」 전문

그런 한편 사람 개인의 인간사가 제각각이지만 굴곡진 길에도 그나마 여유는 있기 마련이다. 그때 누구나 한번쯤 시인이 되어 보기도 한다. 하물며 시인이 산길을 걸어가며 아무런 생각없이 그냥 지나칠 수 있으랴. 살아오며 겪었던 기쁨도 고통도 산길을 걸어가며 모두에게 감사하는 마음을 갖게된 것이리라.

스치는 갈바람
두툼한 어깨를 툭 치며
맑은 공기 저 편에서
퍼지는 가을 햇살

지천으로 피어나는 들꽃
노랗게 물드는 나뭇잎 사이
산 까치 한 마리 적막을 깨워
울며 날아가는 아침 산길

눈에 담는 모든 것 한 폭의 수채화
인적 없는 가을 산정의 고요
심연에 우러나는 감사의 마음
은연중 고개 숙여 두 손 모은다

-제1부 「산길」 전문

제2부에 적힌 시편은 시인의 삶에 대한 리얼리즘적 반추다. 시인 스스로 추억과 그리움을 적었다고 담담하게 들려준다. 유년시절 넣어두었던 빛바랜 책갈피 속에서 우연히 발견한 네 잎 클로버의 추억에 젖는가 하면 친구의 자취방에서 도란도란 라면을 끓여먹다 깔깔거리며 웃던 친구들을 떠올린다. 그런 한편 보증수표처럼 여겼던 어머니표 김장 김치의 맛을 며느리였던 시인이 계승치 못했다며 자책하기도 하고 가족을 살뜰히 보살피고 챙겼던 그 시절 어머니를 그리워하기도 한다.

유품을 정리하다
수첩 속에 연필로 쓴
삐뚤삐뚤 어머니의 필체
영감생일 엄녁 7월23일
며누라 생일 엄녁 10월 23일
식이 생일 엄녁 4월21일
장손 생일 양녁 3월2일
받침도 틀린 어머니의 필체가
왜 이리 정다울까
침 발라 꾹꾹 눌러 쓴

시커먼 흑연심 흔적이
어머니의 가슴인 것을

-제2부 「연필」 전문

그럼에도 불구하고 누군가가 한없이 그리워지면 추억의 여행을 떠나보라 했던가? 시인은 문학 기행길에서 가수 이광석을 만나고 대구 방천시장에서 해방 후 사람들을 들여다보면서 비록 피곤한 몸이었지만 스스로 행복하게 돌아갈 집이 있다는 회귀본능을 그대로 보여준다. 누구든지 어딘가에 기댈 언덕이 있어 마음 놓고 그렇게 떠날 수 있으리라.

철커덕, 철컥철컥
무궁화 열차를 타고
가수 김광석을 찾아 여행을 떠난다.

가게와 작업실이 오밀조밀
해방 후 생계를 위해 신천변에
모여 있는 방천시장

바람소리 섞인 김광석의 먼지가 되어
음악 한 곡 듣는 운치도 여유롭고
황금낙엽송 옆 벤치에 앉으며
그리움 햇살을 받는 것도 좋아

쉴새없이 눌러댄 셔터

디지털 폰 메모리 속에
스쳐가는 인생길
지워지지 않는 추억이 되고

바람 냄새 묻어있는 플랫폼
파스텔 빛 스치는 간이역 마다
지평선 너머 붉은 노을이 지고
차창 밖으로 작은 집들이 스쳐 지나가며

파김치 되어 돌아오더라도
여행이 신날 수밖에 없는 건
그 여정 끝에 이르러서도
여전히 돌아갈 곳이 남아 있기 때문이다

-제2부 「인생은 기찻길」 전문

제3부에서 시인은 부산에서 태어나 시골인 의령으로 시집와서 종갓집 종부로 살며 의령을 사랑해 버린다. 지역신문에 의령 사랑을 담은 축시를 싣는가하면 의령에서 가족과 더불어 오순도순 사는 의미를 되새긴다. 그래서 가을날이면 마음 어딘가 쓸쓸하기도 하지만 그냥 웃게 되는 것이다. 자신의 삶의 터전에서 자연적 실체와 존재들을 의미있는 시어로 나열하며 독립적인 시인의 사유로 글을 빚어낸 것이다. 아래의 시는 우리 인간이 자연적 실체에 대해 얻어낼 수 있는 형상을 하나의 관념적인 웃음으로 승화시켰다.

바람은 살랑 살랑
내 마음 흔들어 놓고 비시시 웃는다

단풍은 내 마음 붉게 물들어놓고
싱얼싱얼 바람 따라 웃는다
바람 부는 소리 낙엽 쓸려가는 소리
가을은 깊어가고
내 마음 단풍 따라 바람 따라
나도 새앨새앨 웃는다

-제3부 「가을·1」 전문

제4부 시집 종반부에 이르러 시인은 유독 죽음, 이별, 그리움, 꿈 등의 시적 관념에 천착한다. 이는 필시 시인이 품고 있는 작금의 내면세계를 그대로 드러낸 것이리라. 미처 예견하지 못했던 누군가의 죽음에 맞닥뜨려 이별을 아쉬워하고 그러면서 스스로를 대칭해보며 우울해지기도 하지만 살아 있음에 안도하는 사람들이 남겨놓은 그릇을 헤아리고 있는 현실 세계를 그대로 보여준다.

하늘을
산산이 찢어 놓으며
울부짖어도
어느 누구하나

죽음
그것만은 아무도 도와줄 수 없고
청개구리처럼 통곡하는
또 다른 이별을 본다

만남이

의도된 약속이 아니듯
이별 또한
우리의 설계된 계획이 아니다

이별의 빈 자리가
아픔이기도 하지만
남아있는 이들은
남겨놓은 그릇을 헤아리고

그 빈자리
밤을 휘젓는 그리움만
시간을 몰고 있었다

-제4부「이별·2」전문

부모에게 자식이란 어떤 존재일까? 한 마디로 설명하기 어렵지만 나 하나의 살점이요, 나의 작은 분신이리라. 시인도 그랬다. 불의의 교통사고를 당해 중환자실에 누워 생사를 넘나드는 아들을 바라보며 형언할 수 없는 심적 고통을 겪는다. 그러면서 나는 살겠다고 숟가락을 들고 밥을 먹는 자신을 한없이 자책한다. 시인 스스로 아들을 바라보며 서러움에 북받혀 그렇게 울었던 것이다. 아래 시는 인간의 본향인 모정의 극치를 보여주고 있다.

생존의 고비 가까스로 넘긴 뒤
유린당했던 뼛조각과 살점들이
내 아들 얼굴에 덮여있다

사지가 찢기고
뼈마디 녹아내리는 절박한 고통
엉겨 붙은 피 덩어리가
입술이
불판 위 고깃덩이로
지글지글 타들어가던
죽음보다 두려운 극한의 통증
사경을 헤매고 있는 아들을 병실에 놓아두고
부모가 된 내가 숟가락 들고
밥 먹고 있는 나를 보며
걷잡을 수 없이 밀려드는
서러움에
긴 울음을 삼킨다

-제4부 「중환자실에서·1」 전문

인간의 마음자리는 수시로 변한다. 기쁨도 슬픔도 결코 한 자리에 지속적으로 머무르지 않는다. 기쁨의 상실은 마냥 아쉽기도 하지만 아픔의 상실은 곧장 기쁨으로 환치되기도 한다. 파도의 이치가 그러하다 밀물에 밀려오던 물결이 부서졌다 싶으면 순간 썰물이 밀려나기를 반복한다. 영원히 존재하는 사물은 없다. 누구나 지난한 업장 소멸을 꿈꿀 수 있어 그리그리 살아가는 것이다.

모래들의 숨소리가 들리는 바닷가
파도가 달려온다
손에 쥔 하얀 거품 안고
일고 일다 부서질 신음 같은 파도 소리

어지러운 춤을 추며
말 못할 가슴속 그리움
모래밭에 덮고
한시도 쉴 새 없이 밀고 밀려가는
파도가 지나간 자리에
시퍼렇게 가슴에 멍만 들어
하얀 눈물 왈칵 쏟아 버린다

-제4부 「파도가 지나간 자리」 전문

인간에게 내일의 희망이 없다면 그야말로 미래는 존재가치를 상실할 것이다. 때로 지치고 힘들지만 오늘 보다 나은 내일이 있다는 꿈이야말로 그래도 살아볼 만한 세상이라는 당위적 현실 인식론을 부각시키게 되는 것이다. 시인도 그랬다. 여전히 시를 쓰면서 스스로 이루지 못한 신춘문예의 꿈을 꾸고 있어 아직 다 채우지 못한 답안지에 깜짝 놀라 자다 깨기를 반복하는 것이다.

꿈을 꾸었다
자주 시험에 쫓기는 꿈을 꾼다
답안지 제출 할 시간이 채 오분도 안 남았는데
답안지는 빈 백지로 남아 있다
어깨의 한없는 무거움에 놀라 깬 새벽

-제4부 「꿈」 일부

인간 삶의 결정체는 무엇일까? 시인은 자신의 마지막 시편을 봄, 여름, 가을, 겨울 사계절로 말하고 있다. 봄에서는 생명의 탄생에 대한 희망을, 여름에는 삶의 왕성함을, 가을에는 농익은 결실임에도 떠나가는 쓸쓸함을, 겨울에는 다시 봄의 희망을 노래하며 불교적 윤회를 작심하고 적었다. 주지되듯 일 초 일 분이 녹아 시간이 되고 사계절이 쌓여 일 년이 되었다. 그리고 시인 스스로의 생이 세 번째 시집으로 엮여졌다. 자신의 지나간 추억과 그리움과 쓸쓸함도 결국 쌓이고 쌓여 삶의 단단한 결정체가 된다는 것을 시인은 시적 관점에서 말하고 싶었던 것이다.

아지랑이
들숨 날숨 잦아진 오후
웅크려 앉은 고무 함지
냉이 달래 씀바귀
봄나물 파는 할머니
검버섯의 투박한 손에도
흙빛 반짝이며
푸른 봄물이 짙게 물들었다

-제5부 「봄·2」 전문

단풍놀이
차가 막힌다
막힌 틈새 그 짧은 순간
한 생이 나타난다
불쑥

긴급출동 카 서비스 차 사이까지
틈새를 비집고 다니며

뻥튀기나 오징어를 팔고 다니는
바람에 깃들여 굴러다니는 것처럼
요리조리 잘도 피한다

한시도 가만있지 못하는
신출귀몰 그림자인양
사람이 있는 곳
그는 외줄을 타는
곡예사가 된다

-제5부 「틈새」 전문

빈 가지 끝 나무 잎사귀가
현수막을 지탱하는 끈에
붙들려 있어도
몸은 아직 뜨겁다고

깨진 유리 날 같은 추위
뺨을 긁어도
저 무수한 바람 친구 삼아
씩씩하게 살아간다고

-제5부 「겨울바람」 일부

종결하면서 수향 이미순 시인에 대한 '첫정' 해설은 미천한 나의 시적 느낌을 감상적으로 적었을 뿐 나머지 평설의 여백은 오로지 독자의 몫임을 밝힌다. 2020년 경자년 새해 시인의 봄날 같은 꿈을 응원하며 이것으로 맺는다.

나의 자서전

실없는 웃음, 머뭇거리는 생각들을 모아 『첫정』이란 제 3시집을 엮었다.

두 번째 시집을 내고 7년 만에 나의 희노애락을 주섬주섬 모아 노을빛 가슴에 담아 두 손 내밀어 본다

살아서 빛나는 공간의 너울들 공허한 허상을 몰아내고 고귀한 생명에 웃음 지으며 고개 들어 하늘을 바라보면 지나간 회상들이 주마등처럼 스쳐간다.

칼날같이 파고드는 유리 파편들이 회오리바람에 나아가지 못한 채 아들이 중환자실에 누워 있을 때 꽉 다문 입속에서 울음마저 나올 수 없는 서러움으로 부딪힌 시간들, 예고도 없이 교통사고로 돌아가신 시어머니 죽음, 지울 수 없는 큰 발자국은 문신되어 가슴에 남는다.

환한 웃음, 꿈꾸는 추억시간 동심의 세계로 빨려 들어가기 전 듬성듬성 서리 내린 머리카락, 눈가엔 자리 잡은 주름살 지나온 세월의 흔적 앞에 나도 별수 없나보다. 삶의 무게가 머리에 앉는 것을 어찌 막으리까?

기고만장하게 젊음을 과시하게 꿈 많던 청춘도 있었건만…. 지나온 삶, 뒤돌아보니 굽이굽이 질곡의 세월 애환

도 많았다. 어느 하나 남기고 갈 것이 없지만 모든 것 나그네길 비포장도로에서 소달구지 지나가는 소리처럼 살아온 뒤를 다시 돌아보며 또 다시 피워낼 사랑을 위해 꿈을 꾼다.

2020년 경자년 1월 환갑년에

이미순 제3 시집

첫정

2020년 1월 25일 초판 인쇄
2020년 1월 31일 초판 발행

지은이 / 이미순

발행인 / 강병욱
발행처 / 도서출판 교음사

03147 서울 종로구 삼일대로 457 수운회관 1308호
Tel (02) 737-7081, 739-7879(Fax)
e-mail / gyoeum@daum.net
등록 / 제 2007-00052호

* 잘못된 책은 바꾸어 드립니다.　값 10,000 원

ISBN 978-89-7814-768-2 03810

이 도서의 국립중앙도서관 출판예정도서목록(CIP)은 서지정보유통지원시스템 홈페이지(http://seoji.nl.go.kr)와 국가자료공동목록시스템(http://www.nl.go.kr/kolisnet)에서 이용하실 수 있습니다. (CIP제어번호 : CIP2020002230)

- 이 도서는 한국예술인복지재단의 창작준비금을 지원받아 제작되었습니다.